MARIA MORINIELLO SALVI

DIALOGO TRA DUE RIVALI IN AMORE

2 ATTI

© Mnamon - novembre 2015
In copertina: Arlecchini - Walter Pozzi
ISBN: **9788869490804**

Introduzione

(Stralcio da un articolo di Antonino De Bono pubblicato sul quotidiano "LA NOTTE" del 27 Febbraio 1982)
Non capita tutti i giorni di cogliere nell'ambiente artistico una personalità di profonda cultura umanistica e di alta spiritualità, che sappia interpretare i canoni dell'estetica con doveroso e rigoroso intendimento professionale. È il caso di Maria Salvi, giornalista e critico d'arte, donna di squisita grazia femminile d'una carica comunicativa, la quale opera da diversi anni a Milano. A differenza di molti altri che salgono in cattedra senza aver mai toccato un pennello, né osato tracciare sulla carta un'immagine tratta dalla realtà, Maria Salvi ha frequentato l'Accademia di Brera e perfezionato un corso di plastico, per poter cercare in se stessa le strutture valide d'un riconoscimento pittorico e scultoreo che le fosse di guida nell'analisi delle altrui opere. Vissuta a Roma dall'infanzia fino ai 17 anni, è entrata nel mondo degli scrittori apportandovi una briosità tutta personale, un taglio felice nell'impostazione degli articoli, un interesse che sale man mano in chi legge i suoi scritti per la facilità narrativa e l'arguzia letteraria ed estetica. Tutto è cominciato venticinque anni fa, allorché le fu richiesto da parte di "Settimo Giorno" di esprimere un suo giudizio su di uno scultore che faceva il vento e la pioggia per le sue vaste possibilità finanziarie. Maria Salvi prese la penna, ed in pochi tratti delineò la mancata vocazione di uno pseudo-artista che forse aveva avuto tutto in dono dalla Provvidenza, fuorchè l'e-

stro creativo della scultura. Piacque ai dirigenti la rivista questa penna senza peli sulla lingua, che sapeva impostare una critica d'arte con serietà ed acume stilistico. Le fu offerto da Giorgio Bocca di collaborare alle pagine della cronaca, ma Maria Salvi aveva altre ambizioni ed altre mete. Così, tramite Alfredo Navarrini, della redazione di "Settimo Giorno", venne invitata a collaborare a "Valigia Diplomatica", che l'avvinse in una fraterna collaborazione che dura tuttora. Frattanto aveva iniziato a scrivere per "Fantasia" e per "Fenarete", con lusinghieri auspici per il futuro. La notorietà le arrise con "Fantasia" che mise in cantiere per Maria Salvi una serie di grandi interviste a personalità del mondo delle lettere, del cinema, dell'arte e del teatro. "Fantasia" diretta da Franco Bandini era una rivista di accesso immediato presso il pubblico della cultura, ed operava in profondità con servizi accurati e collaboratori validi. La scrittrice si divertì a sezionare, scavare, trarre dalle persone che intervistava lo spirito, la corteccia cerebrale, i motivi più reconditi. E qui fu il suo successo: presentare al pubblico uomini o donne di genio col garbo di chi s'introduce nella loro intimità, nel recesso inesplorato della loro anima. È stata la prima, Maria Salvi, ad accogliere le confessioni di uomini noti che parlavano di sé senza falsa retorica, né mezzi termini: da Carlo Bo a Remo Brindisi, da Buzzati a Campanile, da Giovanni Mosca a Ruggero Orlando, da Montale a Valli, ecc, è tutt'ora galleria di personalità presentate al pubblico senza veli. In tal modo nacque un modo diverso di scrivere che fece epoca e che aprì una nuova era nel giornalismo. Tra le centinaia di critiche d'arte, recensioni di mostre che Maria Salvi (adoperando anche cinque firme) scrisse su "Valigia Diplomatica", su cataloghi d'arte, su monografie, su articoli del ramo, parla volentieri della commedia in due tempi (pubblicata da "Fenarete") che coinvolge il "Dialogo di due rivali in amore". Commedia scritta con schietta aderenza ad una concezione letteraria e popolare del dialogo teatrale improntato ad un ritmo avvincente, quasi beffardo nell'impostazione caustica delle situazioni. Chi ricorda ancora le inchieste scatenate da Maria Salvi vent'anni fa su "L'intelligenza delle donne?" Una polemica che si rivelò poi attuale quando le "femministe" (che logicamente andarono un po' oltre l'intendimento sano e corretto di Maria Salvi) scatenarono la guerra ad oltranza al maschio. È stata premiata di recente la scrittrice per meriti artistici dall'"Accademia per le Arti, le Lettere e le Scienze", di Parigi, ed ha avuto la grande soddisfazione di ricevere dalle mani del dott. Lino Montagna, in una galleria d'arte di Milano, l'ambita Teca d'argento del Comune per la sua attività di critico d'arte e di giornalista. È l'episodio che la commuove di più e che ama ricordare. Attualmente dirige una galleria d'arte denominata "Galleria degli Artisti", alla quale dedica tutta la sua esistenza per far conoscere agli amatori ed ai collezionisti, i pittori famosi e quelli meno noti, in un amalgama felice di talenti. Molti pittori, che oggi vanno per la maggiore, debbono il loro successo a Maria Salvi, la donna che ha saputo trovare in ogni singolo artista il lato estetico ideale per imporlo al vasto pubblico, valorizzando le sue opere. Ma il merito di questa scrittrice è di aver impostato la sua vita alla ricerca dei sacri valori della mente come simbolo di elevazione dello spirito per la rigenerazione della società moderna.

Dr. Antonino De Bono
critico d'arte

PRIMO ATTO

SCENA DEL 1° ATTO:

Uno studio medico. I due rivali stanno iniziando, in piedi, uno di fronte all'altro, i convenevoli della presentazione.

IL REGISTRATORE, poggiato sul ripiano più alto di una piccola libreria, fa udire di tanto in tanto, la sua voce chiara, metallica, leggermente strascicata e dal tono alquanto ironico, come a voler prendere in giro i due.

AZIONE:

REGISTRA TORE, dopo aver ripetuto come parlando tra sé, il titolo della commedia, scandisce:

…"Ma oggi la parola "ri-va-li-tà" per questo sentimento (l'amore!), che sa di esclusivismo e di legge assoluta del possesso… di gelosia cieca, sorda, incurante a qualsiasi forma di logica, è diventata un termine improprio. Meglio sarebbe se (in tali casi), fosse adoperato quello più altruistico di SO-LI-DA-RIE-TÀ. Seguitemi: vi dirò perché e mi darete ragione. La scena, la vedete, rappresenta uno studio professionale: si tratta infatti, dello studio d'uno dei due rivali: il medico, per essere precisi con una certa pignoleria: ed io, con questi due (che in fondo in fondo, pur dandomi maledettamente ai nervi mi rendono tenero-tenero), intendo essere pignolo. Per semplificare, chiamerò questa magnifica rappresentanza del viril sesso, in codesta maniera:

1° RIVALE e 2° RIVALE. Anzi (per essere ancor più preciso), li indicherò a voi attraverso una allusiva forma di precedenza, conseguente, appunto, alla successione. Li distinguerò così, in I e II. (*Come si usa per i regnanti*)".

I – Permette? Sono I.

II – Lieto. Ed io II.

(*Lunga pausa d'imbarazzo*)

II – (*rimanendo sempre in piedi e sogguardando il rivale distaccatamente*): Ammetterà che la nostra situazione, più che strana, ha dell'assurdo.

I – (*accendendo una sigaretta e pronunziando le parole come soprappensiero*): Eh, si!,pensavo la stessa cosa. Ma, sa?, i fantasmi mi danno fastidio; e lei, per me, era un "fantasma". Venendo, ho voluto togliermi da questa impressione, diciamo... fisicamente sgradevole. Le dirò di più: se le cose che sappiamo, fossero andate oltre, senza che io la conoscessi, questa ossessione, si sarebbe conclusa in un caso patologico. Ora la vedo, la sto guardando e sono contento di essere al punto di definire una situazione che – per ognuno di noi due – ha dell'equivoco, del nascondersi quasi, il che non è da gentiluomini! Le pare?

II – (*quasi con veemenza*): Se mi pare?! Eccome!... E siamo qui, deve aggiungere, per parlare della stessa donna, di quella che tutti e due abbiamo cento ragioni e più, per considerare nostra. Non è così? (*si siede, invitando l'altro ad imitarlo*).

I – (*sembra indeciso, poi siede*): Proprio così. Ma ora che, di fatto, essa non m'appartiene più, mi sembra sia inutile persino respirare.

II – (*con marcata superiorità e incupendosi nel tono della voce*): La capisco, proprio perché mi capisco!

(*I due assumono un atteggiamento da pensatori, ma, in realtà, sono sempre più imbarazzati; ed in questa atmosfera, ecco che si sente la voce del REGISTRATORE*):

"Ora I e II stanno studiandosi e si scrutano a vicenda, come due nemici pronti all'assalto. Sembra, per entrambi difficile dare un decoroso inizio all' "offensiva". Ma per il momento avviene per essi una sosta obbligata, come succede ai veicoli che, pur avendo fretta di arrivare, sono costretti a fermarsi per un ingorgo stradale. Nel loro caso l'ingorgo è di natura psicologica. Si tratta, infatti, d'una interruzione del ragionamento: d'una pausa tra concetto e soggetto assente. Si viene così a creare uno strano fluido che i due personaggi, inconsapevolmente, vanno assimilando e che servirà loro, in seguito, come spinta definitiva allo "scontro finale". Il locale (lo vedete anche voi, no?) è piccolo, ed è adibito a studiolo-riposo del professionista. Il resto dell'ambiente ha un'ubicazione di carattere funzionale: c'è uno stanzino-spogliatoio, un reparto-visite e una piccola sala d'aspetto. Perché, uno dei due rivali, ve l'ho detto, è medico; ma è, anche, scrittore – pittore – scultore – musicologo. Così, la macchina da scrivere, sulla quale sono poggiati degli abbozzi (poetici), sta a dimostrare l'hobby letterario del nostro professionista. Una raccolta di dischi classici, di libri, altrettanto classici, le pitture, i bozzetti, le crete, tutto, insomma, serve a confermare questo strano connubio di temperamenti in un solo essere, che ha scelto, per lavorare, la più ragionata delle professioni (professione, peraltro che egli ama disdegnare). Alla destra dello scrittoio vi è un armadietto medico con gli "arnesi" del mestiere in posizione di pronto-soccorso. Un fucile da pesca e uno da caccia sono attaccati ad un mediante-divisorio, alla cui parte opposta è situato un lettino con funzioni puramente ginecologiche, poiché tale è la specializzazione del nostro medico: ostetricia. L'altro il suo mondo, com'era naturale, se lo è lasciato dietro, ma con l'intento, chissà perché, di parlarne minuziosamente (nel tempo consentitogli per un incontro di questo tenore), al rivale. Ma ecco che II, rompendo la lunga pausa, sta per lanciarsi, sparato a siluro, nella descrizione di ciò che serve a dimostrare la propria personalità poliedrica, ed indica al suo rivale (ma quasi schifato di se stesso), bisturi e lettino. Ascoltiamoli: ne vale la pena!"

II - (*notando che I si guarda attorno incuriosito, incalza*); Vede tutto ciò? È il mio lavoro: materialismo, mi creda! Necessario, d'accordo, ma sempre materialismo, è. Questo, invece (*indica le sparpagliate cose che non la medicina non c'entrano per niente*), è il mio vero io: poesie, arte, musica: la mia vita insomma!

I - (*con enfasi*): Quindi un artista! È necessaria, allora, un'altra presentazione, (*dando alle sue parole un tono più placato e nel contempo confidenziale*): Io sono pittore!

II - (*con gesto oratorio della mano*): Lo so! Lo so! Ne ero stato informato!

I - Immagino! Ma non soltanto un pittore dall'estro e dalla tecnica facili (elementi congeniali, d'altronde, all'arte stessa); ma un pittore della anime. Perché, vede?, io dipingo col cuore! Il pennello è lo strumento: a volte ho la sensazione che non esista!

II - Interessante! E d'altronde, è col cuore che si realizzano cose buone: se ci mettiamo solo il cervello o l'abilità nel crearle, voglio dire, facciamo della fredda tecnica! È questo che le intende dire, no?

I – Quasi. Mi spiego: io dal mio animo, èlevo, idealizzo il soggetto e ne faccio un capolavoro di umanità che, prima, neppure il soggetto stesso intuiva nella sua ragione d'essere. Egli sapeva di avere due occhi così, un naso così e una faccia che poteva giudicarsi così-così: e basta. Niente, nessuna espressione che riuscisse ad animare le sue caratteristiche somatiche... Ma poi, ecco che si ritrova, grazie alla mia pittura, spiritualizzato, come innalzato alle più alte vette della personalità umana! (*man mano che ha parlato è andato scaldandosi, sino a raggiungere una certa veemenza*).

II – (*esultando*): Grandioso! Ma la capisco, sa? Lei mi somiglia! D'altronde... amiamo la stessa donna!... (*batte familiarmente una mano sulla spalla del rivale che, nel colpo, lascia cadere la sigaretta*) Oh, ... scusi!

I – (*non badando all'incidente*): Ah, già! Un amore grande, soprannaturale, immenso, il mio! Un amore, mi creda, dottore, da letteratura d'altri tempi. Altro che romanticismo! In me, la ragione è addirittura sopraffatta dal sentimento. Parlando poi, di sentimento, fa quasi sorridere (alzandosi e passeggiando nervosamente): Passione!!! ecco cos'è, la mia! Una passione che potrebbe, per troppo amore, concludersi col veleno! Ecco, sì... col suicidio. (*gesticola sempre più*)

II – Bum!

I – Bum?! Altro che bum! La felicità – prima che lei, dottore, mettesse a soqquadro, con la sua presenza, la mia esistenza di amante soddisfatto – mi apparteneva per intero, no? Ora sono in una farragine di sensazioni che mi annientano!

II – Ma si calmi, via! Non esageri!

I – Esagero?! Ma immagini ora, per me, il vuoto, l'esilio... Prima, invece, l'esclusione dal mondo, la segregazione più assoluta, ma voluta, perdiana!, nell'adorazione dell'essere amato... Un amore-amore, insomma: un tutto! (si riside stremato).

II – (*con espressione fraterna*) Ma un amore! (come riprendendosi) Lei sentiva, mi creda, ciò che io oggi sento!

I – (*gridando*) ...No! Non dica "sentiva", la prego!, perché sento tuttora! Per me la vita, senza quella donna, è vuota, ossessiva, inconcludente... Roba da suicidio, le ripeto!

II – Non lo faccia, però (*ora è lui che si alza e comincia a passeggiare, fermandosi, di tanto in tanto, di fronte al rivale*): vale mai la pena di uccidersi per una donna? Io – Io che amo! – dico a lei: non lo faccia! E glielo sta dicendo, badi, chi ha tentato d'uccidersi proprio per una donna! Non se ne meravigli: io che la dissuado dal commettere una simile pazzia, ho tentato il suicidio, appunto perché preso da uno scoramento insensato... inutile! E mi sembrava, quello, l'amore unico, insostituibile! Vede come la vita riesce a comicizzare gli episodi drammatici che ci appartennero, visti, poi, a distanza di tempo e di luogo?

I – Ma ora, però, lei ne vede il lato comico! Ma allora, cosa esplose dentro di lei, dottore? Il dramma! Niente altro che dramma!

II – Ma allora ero studente, si figuri! L'età dei primi amori, anzi!, degli "insostituibili primi amori!" E pretendevo una donna tutta per me! Ma quando mi accorsi che, invece... lei mi capisce?, io ero il quarto o quinto d'una serie che agiva – ignorandolo! – in perfetta... come dire?, ...collettività... beh!, il colpo fu un po' duro, lo confesso! Oggi, però, ne rido e mi diverto alle mie stesse spalle, di quello che posso essere sembrato allora!... Un pagliaccio, creda a me! E le dirò di più: anche se oggi amo come non amavo l'altra, per questa che adoro e che ho messo al disopra di tutto e di tutti, non sprecherei un bòssolo di pistola, glielo garantisco! Tutt'al più, guardi, me ne allontanerei per fare una crociera in Grecia o... che so io... nelle Baleari... nelle Haway, toh! (Belle donne, là: d'accordo?).

I – Stupende!

II - ...E tornerei guarito, glielo assicuro! (*si siede facendo un largo gesto con le braccia, come avesse superato una fatica atletica, più che oratoria*).

I - ...Guarito, ma vuoto! Cosa l'aspetterebbe, tornando? Niente! Nessuno! E tutto questo lei me lo chiama "tornare a vivere?!" Ma vivere come? E per chi?

II – (*erompendo*) Ma per noi, perbacco! Per la ragione d'essere, di esistere, per la vita! Perché la vita, mi ascolti, è degna d'essere vissuta, tanto è bella!

I – Ma è bella se indirizzata ad uno scopo preciso, scandagliato nel nostro cervello in ogni particolare; quando abbiamo la fortuna di completarla con un ideale che ci sostenga, ci guidi... Ma, mi perdoni, dottore, se insisto nel dirle che lei oggi può capirmi poco, appunto perché in possesso di quest'ideale; ma – dicevo – se rimaniamo soli... a che serve vivere? Per la vita? Utopìe, dia retta a me! La vita è bella quando si è in due ad accorgersene: un "lui" e una "lei", mi consenta d'essere preciso!

II – Ma no!, lei sbaglia, mi scusi, grossolanamente... Le sue, mi permetta, sono definizioni da piccolo-borghese... Lei, via!, pecca di borghesismo in una maniera retrograda che inorridisce!!! La vita è bella sempre: anche dove ci appare meno bella; e l'umanità (e lei me lo sta dimostrando!), non lo ha ancora capito, non sa ancora percepire tanta bellezza o, inconsciamente, la rifiuta.

I – La rifiuta, dice?! Ma se l'avevo in pugno! Sì, la bellezza della vita! E, quindi, l'amore... l'amore, capisce? E quale avvilimento, mi creda, ora... senza un amore, e un amore a cui si è creduto!

II – Ma la vita, a dispetto di questi avvilimenti di vera natura masochista, continua ad essere do viziosamente bella, d'una bellezza che a volte la nostra sensibilità riesce a captare quasi dolorosamente… questo sì, perché l'umanità è portata a distruggere, più che ad edificare! La felicità vera, d'altronde, chi non lo sa?, è simile ad una sofferenza vera: è come la morsa d'un incubo, appunto perché si è presi da mille paure, da mille insoddisfazioni! Ci si chiede: ma è vero? E sino a quando? E così il dubbio crea, attorno ad una felicità sofferta, una crosta di ghiaccio, che ne distrugge il minimo calore; e la felicità, inasprendosi, soffocando in cento paure, ci sfugge… paff!, come un reattore: bello, splendido, ma troppo veloce, per poterne afferrare, a colpo d'occhio, tutta la bellezza.

I – (*come inseguendo una visione lontana, guarda in alto*): Eh, si!, capolavori del progresso, quelli!(riprendendosi): Ma il suo ragionare d'oggi, mi permetta di ripeterglielo, caro dottore, è freddo, calcolato, perché lei sta assistendo ad una tragedia che le è estranea: la mia! Questa mia esasperazione, invece, può spingermi ad atti che poi possono essere considerati inconsulti,… lo so… lo capisco… Ma se l'amore è vita – come lei spesso pensa e come io continuo a pensare! – quando esso viene a mancarci e non ci rimane che delusione (perché io oggi sono un deluso, se ne renda conto!), quindi un ideale da demolire, come abbatterlo, questo ideale, se non distruggendo tutto?, noi stessi, anche?! Se no, dove seppellire, secondo lei, una delusione d'amore? Nelle Baleari? Tra i seni inghirlandati della awaiane?

II – Si, è vero, sono d'accordissimo con ciò che va dicendomi. Ma quando un amore finisce, muore, non si può certo rimetterlo assieme, pezzetto per pezzetto, come fosse un mosaico disintegrato da scosse telluriche!

I – Ecco! Dice bene! Un terremoto! Il mio stato d'animo è,

oggi, un terremoto continuo; e il mio amore, lo ha ben definito, creda!, era un mosaico meraviglioso!

II – Ma sì! ma sì! Non posso darle torto! Ma, mi ascolti: si restaurano mosaici di vetro, di marmetti, di pietre preziose... ma non mosaici intarsiati su simboli d'amore! D'altronde l'arte musiva, lei lo sa, penso, non è più un'arte da epoca spaziale!

I – Ma io la intendo nel senso della bellezza idealistica, della concretezza d'un sentimento che percepiamo dentro di noi e che ci dà calore vitale! Insomma, dottore!, di mille sentimenti, sfocianti in uno solo: l'amore! E se poi a questo, ci aggiungiamo la passione, i sentimenti diventano due!

II – Ah!, se è per questo possiamo andare avanti e non la finiamo più di elencar sentimenti: facciamo una némesi dell'amore e vedrà cosa salta fuori!

I – (*mettendo le braccia conserte e alzando la testa, fissando l'altro negli occhi*): Scusi, ma lei mi sta prendendo in giro?

II – (*allargando le braccia*): Ma no! ma no! Anzi! sono d'accordissimo con lei su quanto va dicendomi: lo so e la capisco! Ma si può ricostruire, pezzetto su pezzetto, un mosaico d'amore, con i suoi pathos, le sue dedizioni, le sue carezze, materialmente parlando? ...E i baci, le ansie patite davanti alle lancette d'un orologio, ché corressero di colpo all'ora sognata, attesa, voluta... sofferta? Ragioni, via! Meglio allora, anche se altrettanto arduo, restaurare un mosaico realizzato con miriadi di preziose scaglie di madreperla...! E lei sa che la lavorazione di questa sostanza iridescente, quasi impalpabile, richiede una pazienza da certosino. Si figuri se poi si tratta di manipolarla per arricchire il valore artistico di un mosaico!

I – (*con enfasi da vero conoscitore*) Non me ne parli! Vi sono mosaici che entrano nei nostri occhi divorati dall'ammirazione, come se s'impicciolissero nelle dimensioni per aumentare di valore! Ma l'arte del mosaico, ormai, non è più di questo mondo d'impazienti, di dinamismo, di razzi, di Lune da includere nel piano regolatore dei nostri assessori comunali! Oggi qualsiasi arte, difficilmente viene considerata come pura elevazione dello spirito. Sa cosa è diventata, invece? Speculazione! Guadagno! Una folle corsa al successo, alla fama! Ed è arte, allora? Mi dica, lei che è anche poeta!

II - Giammai! L'arte vera, ormai, è un punto interrogativo. Esiste?, ci si chiede? Eh, si: esiste. Ma sono pochi, ben pochi, mi creda, gli eletti che giungono sino ad essa! Noi, vede?, siamo di quei pochi! Non è, questo, il tempo del Molòc, a cui si sacrificava, in segno di adorazione, sangue umano, d'accordo. Ma lo ammetta, la prego: cos'è oggi il progresso, se non qualcosa di mostruoso da venerare a cui si dona il meglio dell'umanità? Guardi, per esempio, gli uomini che si proiettano sulla Luna, come fossero fuochi d'artificio! Tempre formidabili, fusti, come si dice, senza tare fisiche; e così perfetti, nella loro struttura organica, che l'estetica ne trae tali vantaggi, da farli sembrare veri Dei! Altro che i Fenici con il loro Molòc!

I – Beh!, questo è progresso, scienza! Guardi cosa hanno combinato nella Luna! Ci hanno ballato il cha-cha-cha, a dir poco! Il resto, con tutta l'ammirazione per gli astronauti, è da immaginarselo! Tutto per il Progresso, però!

II – Si, si! il Progresso, la Civiltà, l'Evoluzione Umana... l'orgoglio d'una nazione, che butta per aria i suoi figli migliori per dimostrare l'efficienza della propria razza...! Ma me la vengano a cantare tra vent'anni, questi semidei, la loro efficienza, la loro perfezione fisica! Sappiamo noi, gli esperimenti d'oggi, quali riflessi ritardati possono dare, a questi Ercoli della stratosfera? Io, glielo garantisco, non darei, per questi esperimenti, neppure il gatto della portinaia! Pesi simili sulla coscienza, li lascio agli... beh!, trascuriamo certi tasti! Tanto, glielo dico io: con un'altra guerra, non si avrebbe neppure il tempo di dire "crepa", che al primo bum!, tutto è già polvere, vuoto, fumo... La sola a starsene tranquilla ed intatta, guardi l'ironia, sarebbe proprio lei... la Luna!!!

I – Ed è proprio così! Ma questa non significa più poesia... arte... ma evoluzione dell'evoluzione... Progresso... Altro tema. E noi parlavamo d'arte, se non sbaglio: non di progresso!

II – (*in tono conciliante*) Beh, se vogliamo riagganciarci all'argomento-originario, parlavamo d'amore!

I – (*passandosi nervosamente e ripetutamente una mano tra i capelli*): Che tormento! L'amore! L'amore! Quale? Il mio? Il suo? Il... "nostro", per essere precisi?

II – Via!, non vada per paradossi, ora!

I – Paradossi, dice?! No! No! parliamo di lei (*esasperato*), della nostra donna! Di come sa amare! Di come fa all'amore! Contiamo assieme, uno per uno, tutti i segreti di seduzione che le appartengono! Perché ne ha di questi segreti, non neghiamolo! Ne ha, come si dice, da vendere!

II – Ma via!, si calmi.

I - È la gelosia che le impedisce di analizzare queste verità che appartengono alla "nostra amante!?" Tiri fuori! Tanto io sono un sadomasochista per natura! So soffrire, io! Ma ha ragione lei! (*accende nervosamente l'ennesima sigaretta e più pacatamente, continua*): No, torniamo alla poesia, all'arte, al progresso, sì, al progresso... preferisco...

II – Non dico di no! Ma progresso in nome di che? Del successo morale? No, È come lei, che io la penso! È a un'innata sete di guadagno, cui si tende perennemente, anche se in nome di questa maltrattata e bistrattata arte! E chi, mi dica, s'angustia di tutto ciò? Noi: lei ed io. Tipi come noi due, che pensano e tendono all'arte, ma quella con l'A. maiuscola. E ci troviamo appunto – oggi -, per questo dono spirituale di cui siamo stati elargiti, nel vortice d'un amore che non si può dividere!

I – (*come svegliandosi improvvisamente*) Ah, sì! Quell'amore! Per me, creda, era tutto: sostegno morale, tenerezza, passione, respiro, vita! Tutto e dico tutto!

II – Per me, questo tutto, ha inizio ora; ma è come fosse esistito da sempre in attesa di me: di me molecola, atomo, minuzzolo, granello, etere... vita...! E da questa stupenda coesione è sorta la nostra esistenza: lei, la donna che amo, che ho sempre aspettata: ed io, l'uomo che essa voleva! E lo dico sempre anche a lei, sa? Migliaia di generazioni si sono prodigate per la nascita di noi due: tu, la mia donna: io, il tuo uomo! Non è meraviglioso?

I – E come no?! Ma lei ha ragione perché parla da ultimo arrivato. Il mio svantagio, invece, consiste nel fatto d'essere rimasto in coda, pur detenendo il primo posto! Ma sa cosa le dico? Nonostante questa regressione, diciamo... sentimentale... io continuo a vivere in un'atmosfera di sogno, di fiaba; e tutto ciò perché mi basta pensare, ricordare l'amore di quella donna. Ed è un'atmosfera di baraonda emotiva, che mi sprona a creare, a volere, a pretendere... Sì, proprio così: pretendere!... E lei, questa mia reazione, come la vuol chiamare? Prepotenza? No, badi: è diritto: diritto di possesso!

II – (*agitandosi sulla sedia e battendo le proprie mani sul gi-*

nocchio dell'altro). Sì! si, la capisco. Lei rende perfettamente l'idea, perché l'atmosfera che oggi mi circonda, ha dell'irreale anche per me, ed è, per la mia vena poetica d'oggi, fonte continua d'ispirazione, di sogno, di beatitudine... Lei rammenta, vero?, Il Cantico dei Cantici... Bene. Ricorda il dolcissimo amore del pastore per la Sulamita? Era fantasioso, d'una fantasia che struggeva e vivificava nel contempo. Mi creda: io percepisco, dentro di me, le stesse emozioni di quel pastore! Privandomi di quella donna, diverrei certo un nulla, e un "nulla" consapevole della propria grandezza, grandezza, si capisce volutamente soffocata. Diverrei, insomma, una sorta di masochista, un auto-lesionista nel senso più completo della parola e dei fatti. Sarei un incapace, capace solo di distruggersi: diverrei, vale a dire, l'esempio vivente dell'inettitudine! (*lunga pausa*) Che vuoto! (altra lunghissima pausa, quindi prosegue come chi stesse impartendo una lezione): Lei conosce quella locuzione latina, capitis deminutio, che nel diritto romano significava, appunto, perdita della personalità giuridica? Nel mio caso, questa diminuzione va intesa come una vera menomazione,... sì, sì! mi lasci dire: autentica incapacità d'essere e di volere! Senza esagerazione, mi creda!

I – Ma, allora lei, mi scusi, è d'accordo con me quando parlo di suicidio, d'inutilità, per lo meno, di continuare a vivere...!

II – Ah, no! (*si rialza*) Qui l'argomento sarebbe di tale vastità di concetti, che è meglio riassumerlo. Un amore mancato può, sì, distruggere lo spirito d'un innamorato, ma mai spingerlo ad un passo estremo come il suicidio! La donna – faccia tesoro, in avvenire, di quanto le sto dicendo – per noi uomini è una parte fondamentale di quel tutto che l'uomo – il maschio, vale a dire, perdoni la mia brutalità d'espressione! – deve accettare come una piacevolezza: mi lasci azzardare una similitudine... ecco: come la nota adatta per il completamento d'una composizione musicale!... Ma, da questo, al suicidio... eh, no! scusi, sa?, ma è come parlare di guerra e di pace!

I – Eh, si, anche questo è vero... Ma io, allora? Lei conosce la sfortuna? Sa cosa vuol dire esserne perseguitati? Io sono inseguito, da questa Arpìa, giorno e notte! Non riesco più a scuotermi di dosso, ormai, la paura della sfortuna: mi annienta, distrugge la mia stessa volontà. La mattina, svegliandomi, mi sorprendo letteralmente spaventato... ma che dico? terrorizzato, è la parola giusta! Ho paura, capisce? E perché crede che io abbia questa paura? Perché la sfortuna mi è sùbito accanto, pronta, vigile, inesorabile! Ed è lì per irretirmi, avvilirmi, stordirmi, quasi, in una aberrazione mentale che sfiora la follia!

II – (*che nel frattempo si è riseduto e guarda l'altro con simpatia*): La comprendo e ne sono sinceramente addolorato! Perché io – io che sono un sognatore – (un sognatore, però, privo d'ali, ma con le scarpe e sopra-scarpe ben poggiate sulla terra ferma), un sognatore, dicevo, delle cose più astratte... astruse, direi, per l'umanità... bene, nonostante questi sentimentalismi, amo dedicarmi al prossimo con totale altruismo; ma un altruismo chiaro, vero, d'una verità cristallina (io d'altronde sono per la chiarezza, gliel'ho detto?): ho bisogno, insomma, per la mia stessa felicità, che tutti siano felici, contenti e soddisfatti! Invece, purtroppo, non sempre è così. E ne soffro, sa?, quando agli altri va male! Eppure sono da considerare – nel gergo delle generazioni d'oggi – un duro! Ho fatto anche la guerra, sa?... mi segue?

I – Come no?! Bevo ogni sua parola!

II – Ero un ragazzino, quasi... ma ho sempre avuto un fegato così! (*fa un largo gesto a cerchio con le mani*)... Ho militato nelle compagnie partigiane, ho combattuto... forse ho ucciso (*gesto con la mano davanti alla fronte come a voler cancellare certi ricordi*) ... non lo voglio sapere! Ma ho, anche, aiutato i più deboli; e sempre, sempre, mi creda!, con un ideale – sembra un contrasto, ma è così – teso verso la verità. La verità è la mia croce! Perché io ho una spina nel cuore: la ricerca continua della verità, della chiarezza... Non rida, la prego, se le dico che sono un esploratore delle cose basate su questa sacrosanta e troppo spesso ignorata lealtà. Verità e Lealtà: le fondamenta d'un'umanità ricca di sani ideali. Ma quando questi due sani elementi esistono, però! Allora, durante la guerra (verso la fine a voler essere sinceri!), questa verità significava per me, giustizia; ed agivo, in nome di questa giustizia, sempre: non m'importava neppure di morire! Anzi! Vi erano dei momenti in cui anelavo alla morte! "Dulce et decorum est pro Patria mori", cantò Orazio; e, come tutti i grandi, che dissero le loro idee poetiche prima di noi... e dicendole bene... aveva ragione!...

I – È vero: morire per la Patria, è un po' morire attraverso tutti. Ma morire per una donna può apparire, al momento estremo, infinitamente più dolce, mi creda!

II – Ma lei sta bestemmiando! No! No! Che dice mai? Oh, no, che per la donna che oggi... amiamo... non ne valga la pena...!

I – Eh, sì, almeno per lei, questa, rimane una valida constatazione!

II – Ma, comunque, mi creda e mi ascolti: viva! Io, vede?, pensavo di sgusciare da questa vita d'inetti, di vili, di non pensatori... (perché oggi nessuno più pensa, nessuno più si scomoda per correre alla ricerca della verità, della parola nuova da dire all'umanità che aspetta cose nuove per rinnovarsi, poiché tutti si adagiano su ciò ch'è stato già detto da altri, decretato, vissuto, affermato nel tempo!) E sa come ho finito per placare la mia disperata ricerca spirituale? Col matrimonio! Si figuri! (*gesto di beffa*) Dall'ultimo pian d'un grattacielo all'ammezzato! E il matrimonio mi ha imborghesito, oserei dire... spersonalizzato!

I – Amaro destino di ogni uomo, considerato a distanza di tempo!

II – Oh, non mi fraintenda! Ho voluto bene a mia moglie e ne sono stato innamorato; e l'ho desiderata, anche... come no? D'altronde mia moglie è una donna carina, giovane, ben fatta... Inoltre... è la madre dei mie figli; e noi italiani siamo un po'... come dire? ... "mammoni!" C'è in noi, il culto al "mammismo": una continua esaltazione alla Mamma: nelle tradizioni, nella poesia, nella letteratura d'ogni tempo... nelle canzonette, persino! Ricorda? (*canticchiano in coro*) "Mamma! Solo per te la mia canzone vola!"

I – (*guardando il rivale con simpatia*) Che canzone, quella! E nelle opere? (*con gesto teatrale*) "Voi lo sapete, o Mamma..."

II - ...Ma non basta – lei è del mio parere, no? – per sentirsi felici, la madre dei nostri figli! Eh, no! non può bastare! Ed è così che oggi ho finito col pretendere camere separate. Ho creato, vale a dire, tra me e mia moglie, una transazione provvisoria... una sorta di modus vivendi, che consenta una coabitazione sopportabile. Chiaro?

I – Lampante! Capisco perfettamente. Cosa vuole che le dica? Beato lei che può farlo!

II – È per la chiarezza, gliel'ho detto, no? Mia moglie, d'altronde, non ha mai desiderato dei rapporti affettivi... come dire? ... troppo frequenti... talvolta, anzi, se ne dimostrava infastidita. Le faccio un esempio: essa non ha mai avuto per me un gesto affettuoso, istintivo, una carezza spontanea, un bacio d'amore dato al momento giusto,... la richiesta, sia pure velata, d'un amplesso... mai! Insomma...

I - ...insomma, non è la "sua" donna! la capisco, sa? Invece... la... "nostra"...! È un inno all'espansività, all'amore, alla passionalità! È completamente diversa dalle nostre moglie (perché anche la mia è come la sua, che crede?) ... è, insomma, un'altra donna! unica, direi! Esagero?

II – Esagera?! Ma dice poco!

I – (*dopo un attimo di silenzio*) Ed è proprio così: unica! (*come inseguendo un pensiero*) Mah!

II – (*facendo eco*) Mah! (*assumendo un tono battagliero*) ...Ma esiste anche, si ricordi, la ragione, la coerenza, il senso civile di esprimere i propri sentimenti! Guardi: le voglio fare una confidenza. Io oggi sarei dispostissimo, per quella donna, a lasciare la mia famiglia, i miei figli...

I - ...Ah, no! Dottore, non lo faccia! Ci sono cose che non vanno distrutte! È peggio allora, che distruggere la propria vita! Qui è in gioco il benessere altrui, quello dei figli, per di più! Ora, se mi consente, sono io che le faccio un esempio. Possedevo una tavolozza che consideravo, ogni volta che me ne servivo, sempre più malandata. Pensai allora che, distruggendola e adoperandone una nuova, avrei dipinto con maggior lena e con risultati addirittura di successo critico e personale. Pensi un po'... fantasia!

II – Eh, a noi la fantasia, a noi artisti, intendo, gioca degli strani tiri...

I - ...Bene! Distrussi la vecchia tavolozza, la bruciai ... Ricordo (era d'Inverno): .. una puzza di vernice mi prese, fra l'altro, alla gola per l'intera settimana... E con quale conclusione? Non toccai colori e pennelli per oltre un anno; e quando mi obbligai – obbligai, badi! – a creare qualcosa, dalla mia fantasia soffocata, sa cosa ne venne fuori? Frutta e verdura per marmellate e minestrine conservate; mani di donna che rompevano uova fresche su di una pasta sfoglia decantante una certa qualità di tagliatelle; boccettine di specialità medicinali: aggeggi di moda per signore: dalla borsetta alla guepiére, dal reggiseno imbottito alle culottes elasticizzate; dalle tute dimagranti alla crema antirughe! La poesia, mi creda, era rimasta tutta lì: nella vecchia tavolozza umiliata e reietta!

II – Ma è vero! Verissimo! Noto che lei è di una sensibilità ragguardevole, evidente! Bravo! D'altronde, me lo lasci dire: due, sono gli elementi che scaturiscono dall'arte, gli essenziali, intendo: il romanticismo e la poesia. Ma di altri due essa si arricchisce, altrettanto indispensabili, seppure meno evidenti, appunto perché spesso incompresi: l'estro e l'intelligenza! E lei, noto con piacere, possiede una bella intelligenza e un notevole estro! E ha ragione, sa? Non c'è niente di più sbagliato, infatti, che privarsi di ciò che, a torto, consideriamo sbagliato! Inutile!

I – A chi lo dice! Io sono nato sbagliato! Ed ora mi considero inutile!

II – Ed io? Io, per esempio, temo a volte, d'aver sbagliato tutto il periodo della mia vita, trascorso nella prima gioventù. Oh, non voglio dire che oggi mi sento vecchio: non ho che quarant'anni e sono forte come un Maciste. E poi faccio dello sport, sa?, alpinismo, nuoto, caccia subacquea… golf…

I – Eh, sì! Lo sport alimenta il fisico e mantiene sveglia la fantasia! (*timidamente*) Io ho corso in bicicletta…

II – Bravo! Come professionista?

I – Magari! No. Scampagnate con amici.

II – Non minimizzi! L'importante è "sapere" fare una data cosa, non "il perché" la si fa!

I – Saggia verità anche questa! sono pienamente d'accordo anche con questa sua massima!

II - ...Bene... le dicevo...? Ah, sì! Voltandomi indietro e tuffandomi nel passato, vedo la mia vita disseminata di errori. C'è tra la mia esistenza d'allora e questa d'oggi, un sovrastarsi continuo, un rincorrersi di fatti, avvenuti fuori tempo, fuori orario, fuori età addirittura! Le spiego: io come scrittore, poeta, artista, dovevo dire all'umanità qualcosa che non appartenesse a concezioni ormai stantìe che, giorno per giorno, sempre di più, ci chiudono in un cerchio di abitudini e di pensieri che sono uguali per ciascuno di noi; di concetti sballati, di ipocrisie che deprimono o, addirittura, demoliscono la nostra personalità.

I – Capisco... capisco... È accaduto a me con la pittura. Volevo anch'io dare un volto nuovo a questa arte, che tutti vedono attraverso giudizi pretenziosi, falsi o troppo personali e quindi tabù per il resto dell'umanità... Ma ho trovato davanti a me, macigni di scetticismo ... d'incomprensioni... E così ho smesso di lottare... Ora, cosa vuole, è troppo tardi! Ma per lei è tutt'altra cosa, via! La parola nuova non ha limiti di tempo per essere detta e ascoltata... Lei può ancora dire qualcosa d'inedito, creda!

II – Ma non è vero! Questo "qualcosa" avrei dovuto dirlo dieci-quindici anni fa, quando ciò che avrei detto o fatto, sarebbe scaturito da un insieme di ideali puri, genuini, che avrebbero determinato conclusioni efficienti ed essenziali al mio prossimo; e non ora che la ruggine del tempo si è impossessata di questi ideali per sbriciolarli e dissolverli in quel groviglio di delusioni che è la nostra vita quando iniziamo a conoscerla coscientemente, ma siamo poco preparati per affrontarla, per vincerla! Anzi, viviamo in uno stato onirico che addormenta o impoverisce iniziative interessanti e che agirebbero, realizzate, a netto beneficio della comunità! Un altro esempio a suo uso e consumo? Eccolo: avrei dovuto amare, come amo ora, dieci-quindici anni fa, quando ero più sàturo di sogni... ah! cosa avrei saputo dare, allora! – Insomma, vede? Sono in arretrato in tutte le mie aspirazioni, quasi di un ventennio!

I – (*indicando le bozze delle poesie in bell'ordine sullo scrittoio*): Ma no! chè lei oggi sta dicendo un "qualcosa" che è ascoltato!... Ma io!? Io che non sono più ascoltato? Che vorrei e non posso? Potere! Questa parola per me, mi creda, sta diventando magìa, magìa nera...

II – (*bonariamente*) Eh, là là!

I – Sì! sì! Sa di stregoneria, di filtri velenosi, di suggestione... Sa, insomma, di sfortuna! Lei, invece...! Ma badiamo ora al lato pratico della situazione e tiriamone un rigo conclusivo. Lei possiede una macchina, no?

II – Sì: una 1100.

I – Lei, con quel mezzo, può rendere felice la donna che ci appartiene. Chiaro?

II- No.

I – Mi segua. Lei fa scorrazzare, questa donna, in lungo e in largo, quando e dove vuole. Le offre, insomma, una vita di svago.

II – Sì! sì! Non discuto! Ma svago: non altro. Perché io detesto le frivolezze! Le dirò di più: la vita che conduce la donna che io amo e che anche lei – purtroppo! – continua ad amare, è piuttosto... vogliamo dirlo? Leggera! Ecco, sì: leggera!

I – Bravo! Bravissimo! Dottore, lei è grande! Sono d'accordissimo con lei!

II - …Bene! Io voglio toglierla da queste frivolezze, da queste leggerezze… convincerla, insomma, a sgusciare dalle strettoie d'un ambiente falso, vuoto, da questa società di porci!... sa bene cosa intendo dire, vero?

I – Oh, se lo so! Lei, dottore, è un uomo di valore! Me lo lasci dire, la prego! Anche lei, d'altronde, la donna… che amiamo, parlandomene, mi aveva elencato tutti i suoi meriti, quelle sue tante qualità che l'hanno conquistata… Ed aveva ragione! (Soggardandolo ad occhi semichiusi, come si fa quando si studia un'opera d'arte). Ed è anche un bell'uomo, mi consenta quest'apprezzamento da artista quale sono e quindi da esteta! Lei, dottore, è un uomo completo… sì, sì… me lo aveva detto anche lei, la mia… pardon! la "nostra" … donna… Ed aveva ragione, perdiana!

II – Grazie! Ma anche lei, sa?, è quello che si dice un uomo di fascino! Ed anche i suoi meriti mi erano stati elencati, che crede? E, devo dire, fedelmente: guardandola, ascoltandola, è come se io la conoscessi da tempo! E la sua sensibilità ora (la dote che maggiormente… la… la mia… la… nostra donna, insomma!, apprezza in lei, mi creda e che non a torto, devo ammettere!) è più che palese: la si percepisce in ogni suo pensiero, d'altronde bene espresso… Indubbiamente, a parte certe lacune, quella è una donna che sa il fatto suo: sa catalogare gli uomini nel loro giusto valore! È, oltre tutto, una donna intelligente, brillante, e che possiede, per di più, una forte attrattiva sugli uomini e una carica di seduzione che non sfugge! È, tutto sommato, una donna che piace!

I – E lo dice proprio a me?!

II – (*attimo di esitazione*) Mah!

I – (*sogguardandolo*) Mah!
II – Vogliamo, da amici, berci sopra? Uno scotch?
I – (*alzandosi*) Lei crede? (tendendogli la mano) No, non è il caso, mi pare. Ma non si offenda, però, la prego! Forse… chissà?, i casi della vita sono tanti! In altra occasione: certo non mancherà! Sono lieto, comunque, d'essermi tolto davanti il suo "fantasma" Ora so chi è, è com'è!…
II – (*sempre con la mano nella mano dell'altro*) Da come si esprime capisco che non le sono dispiaciuto. Ed è un bene quest… quest… (*esplodendo tutto in un fiato*) quest'attrattiva che entrambi siamo riusciti a percepire in noi, no? Passi di qui spesso: discuteremo d'arte e… di altro!… Ci servirà! ha ragione: lei non mi dispiace affatto!
I – Attrattiva, dice? Beh! Mah! (lo sogguarda): Mah!
II – Anche lei! Si … voglio dire … mi piace! …
I – Grazie! Lieto. (*fa un inchino*)
II – Le pare? Lietissimo! (*s'inchina*)

(*I esce e II rimane un attimo perplesso; ma ecco che si risente la voce del REGISTRATORE, mentre II si muove nella stanza. La voce ha inflessioni ironiche e alla conclusione si fa sentire quasi stanca, come amareggiata*):

REGISTRATORE: "Ora II è rimasto solo: osserviamolo bene in ogni suo gesto. Ah! Questa poi! Sta togliendomi dal nascondiglio in cui mi aveva situato, cosa che gli ha concesso di registrare – parola per parola – il dialogo avvenuto con il suo rivale: si ascolta: si piace!". (Infatti II ha poggiato all'orecchio una cuffia ricevente per meglio isolarsi dai rumori che lo circondano. *Le sue espressioni si mutano a seconda di ciò che va riascoltando: sono espressioni soddisfatte… ma solo per un po', perché ecco che il Nostro còrruga la fronte, mentre il*

REGISTRATORE continua...):

"Ma ecco che accade qualcosa al nostro eroe: egli nota nelle inflessioni della propria voce, un che di falso, di voluto; percepisce in ciò che ha detto, qualcosa di stonato e che gli era apparso, prima, come un miracolo di eufonìa (almeno per quanto era trapelato dalla sua veemenza oratoria). Si rende conto che in certi punti la sua dialettica ha assunto, invece, un tono recitativo, ma da attore alle prime armi, che usa calcare ostentatamente sulle modulazioni altamente drammatiche. L'altro, in contrapposto, gli sta apparendo così indifeso smarrito, da non consentirgli neppure una qualsiasi forma di beffa. Ma il rivale era impreparato: qui sta la stonatura! Egli tuttavia, non pensa più al rivale, ma a se stesso; e, così come sta ascoltandosi, non osa certo approvarsi. Non si piace più. Vorrebbe distruggere ogni cosa di ciò che ha detto e fatto. Si guarda attorno deluso e forse sta concludendo che, davvero, c'è tutto da rifare!Guardatelo: sta riflettendo. Ma il suo sguardo ora sembra smarrirsi osservando le cose che gli sono state indispensabili sino a poche ore fa: le sta scrutando cercandone la familiarità d'un tempo. Ma l'unica cosa che gli appare veramente amica è, stavolta, la brandina ginecologica, la stessa che aveva soguardato prima, indicandola al rivale, come a schifare l'attività professionale costretto a svolgere e che ha sempre considerato non congeniale all'essenza poetica che gli vibra dentro. Agisce come in trance: non perdiamolo d'occhio, la sua espressione mi preoccupa. Osserva le scartoffie che gli appartengono, sparpagliate in quel disordine artistico di cui solitamente usa vantarsi quando è in presenza di terzi. Ma che fa ora? Perbacco! Ma è impazzito?! Getta in aria a piene mani i classici e il suo poema in embrione; fa girare tra le dita un abbozzo di creta raffigurante un nudo di donna e con la veemenza dei suoi vantati quarant'anni, lo scaglia in alto, aiutato dalla valida collaborazione del suo piede sinistro. Lui!, il Fidia dell'èra moderna, distrugge la sua opera migliore! Il coccio più grosso avrebbe potuto raggiungere altezze impensate, se non ci fosse stato il plafone! Càspita! Potrebbe giocare da centro-avanti nella Nazionale di calcio! Quanto tempo sprecato, in questa sua turbolenta esistenza! Ma come rimediare? Amara, anche se obiettiva, considerazione; ed ora sta pensando d'aver vissuto tutto questo tempo senza sapere che avrebbe potuto dar calci, col destro e col sinistro, proiettando oggetti ad altezze mai raggiunte dall'umana forza fisica! Tutto ciò che fa questo nostro "II", felicemente (forse!) succeduto a "I", è consapevolmente ingigantito dalla sua congenita vanità! Vedete? Ora sta togliendosi il camice e, così in maglietta, intende raggiungere in cortile alcuni ragazzi, che stanno appunto giocando nella squadra rionale di foot-ball. Questa nuova scoperta d'una sua ennesima qualità, gli piace e lo esalta: è qualcosa in più che non sapeva di possedere! Egli è, oltre tutto, uno sportivo e si compiace di questa sua prova di abilità calcistica che va, anche, a completo beneficio del suo fisico, già in perfetta efficienza! È sano e se ne vanta! Riordina idee e cose e per concludere sportivamente questa giornata di lavoro e di… beh, diciamo, anche di emozioni, decide di concedersi una parentesi di relax, ma sportivamente. Ed è forse la conclusione buona che la sottolineerà in bellezza! Questa la morale conclusiva tratta da un incontro tra due rivali in amore: un pallone gettato in alto con energia e che dà la sensazione, a chi lo lancia, d'aver buttato in aria il Mondo!".

# SECONDO ATTO

SCENA DEL 1I° ATTO:

(*La scena è come la precedente: lo studio medico, ora riordinato: II, però ha un nome, il suo: RENATO. Un disco di musica classica spande in sottofondo le sue note musicali: si tratta di una fuga di Bach. Ed ecco tornare in campo la voce del REGISTRATORE, mentre RENATO aspira lunghe boccate dalla sua elegante pipa – comodamente allungato in una capace poltrona*).

AZIONE:

REGISTRATORE: "Sentite?, è Bach: l'autore preferito da questo tipo: miscela bene amalgamata di talento, insofferenza, narcisismo, prepotenza e, anche, perché no?, qualche complesso. Siamo al termine della movimentata giornata del nostro "eroe"; e mentre RENATO (alias II, come ricorderete) sembra bearsi in tanta solitudine, ecco che sta per arrivare la tanto discussa e presente – seppure sino ad alcune ore fa fisicamente assente – donna, oggetto della precedente discussione tra i due strani rivali. Ve la presento subito: è MARA. Ma la vedrete presto: è carina, spigliata ed elegante. Ma giudicate voi; e vediamo, intanto, che succede". (Infatti entra come un fulmine MARA: è una donna ancora giovane, non troppo alta, ma con linee armoniose, snella e molto elegante. Di tipo moderno, ha gesti scattanti, vivaci e un modo di esprimersi brillante. Adotta occhiali modernissimi, colorati, che spesso sposta dal naso, alla sommità del capo tra i capelli o addirittura toglie per farli girare tra le dita.

Nel II Atto, i personaggi che entreranno via via in scena, saranno, nominandoli in ordine di entrata, 4

RENATO – il medico;

MARA – la donna… quasi contesa –;

VANNI – ignaro marito di MARA e amico di RENATO;

una CLIENTE).
MARA: Ciao, Renato! (*sedendosi e ascoltando la musica*): Ciao, ciao! Ah! oggi siamo a Bach! Che succede? Rimorsi di coscienza? (con accentuata ironia nel tono della voce) Anelito al riposo dello spirito? (*curvandosi verso di lui che è rimasto seduto e simulando un inchino*)... o... male ai piedi?
RENATO: E tu? Sì, con il tuo sfottò? Che c'è? Senti la necessità di sfogare certe tue repressioni familiari? O sei in crisi per non essere stata sufficientemente corteggiata, oggi!? Un po' di pazienza cara: la giornata non è ancora finita!
MARA: (*ridendo*) Ah! Ah! Ah! Guarda caso! Proprio ora mi ha accompagnata sin qui un nuovo corteggiatore con la sua scenografica e potente Dino!
RENATO: Ah! È sempre quello della Mercedes? Colleziona macchine come francobolli, quello!
MARA: Figurati! Quello è Otto. L'anziano, come tu velenosamente lo classifichi! Ma...
RENATO: ..."ma affascinante e incallito Dongiovanni"! Ma, me lo dici come mettiamo assieme questi due attributi? Sì, dico: "anziano" e "Dongiovanni", sorvolando sull'"affascinante"?!
MARA: Ma, mio caro e sfrenatissimo Casanova degli annessi e connessi femminili! Principe Russo! Amatore dagli amplessi a freno obbligato! Tu non puoi neppure immaginartele, le ciance amatorie di questo "anziano Dongiovanni"! Sai che ti dico? Dovresti farti dare qualche lezione!
RENATO: Grazie! I miei quarant'anni mi sono di valido aiuto didattico!
MARA: Ma lasciamo perdere! Cos'è, piuttosto, che ti rende così aspro, oggi? Non hai distribuito abbastanza pillole an-

ticoncezionali? O la tua coscienza professionale comincia ad essere sopraffatta da quella umana?

RENATO: (*si alza, si avvicina alla donna, che nel frattempo si è seduta, e scandendo le parole con voluta drammaticità, esordisce*) Questa mattina... annusa, cara!, non senti odor di arte?,... questa mattina è stato da me quella tua ex, grande passione... si, insomma: colui che mi ha preceduto!

MARA: Ah, questa poi! (*sbalordita e alzandosi di scatto*). Ma perché?

RENATO: Perché??? Perché l'uomo, così dicono, un certo tipo di uomo, però!,... è un perfetto imbecille! E quello è venuto a dimostrarmelo! (*assumendo un tono cattedratico*) Che è un imbecille!

MARA: Hai fatto la scoperta dell'ombrello! Sì, sì! L'uomo è un imbecille! Ma come! Viene qui un mio ex amante e tu esisti ancora: vivo!!! E non sei invece all'obitorio o, per lo meno, in prigione!

RENATO: Mara! Sei per caso impazzita? Obitorio? Prigione? Ma che c'entra, scusami, cara: vaneggi?

MARA: Con questa tua gioconda risposta, rimane avallata la tua analisi di prima: l'uomo è un imbecille!

RENATO: Stento a capirti: parola, stento a capirti!

MARA: Ma come! (*si alza e passeggia nervosamente su e giù per lo studio; toglie il disco di Bach, ne cerca uno tra i tanti e sceglie uno scatenato ritmo: poi si volta verso RENATO e con furia tutta femminile, ma sempre con grazia, quasi stesse recitando una parte, investe RENATO con una fitta gragnola di parole*) Ma, dico! Un amante, sia pure un ex-amante, affronta colui che lo ha sostituito nel cuore della propria donna e tutto rimane come prima!!! (*come in dubbio e quasi spaventata*) O lui è...

è... morto!, e hai trovato la maniera di farlo sparire?! Come medico non deve esserti difficile, la sparizione di un cadavere! Che dico?, sto minimizzandoti: tu che puoi liofilizzare esseri umani mentre ancora, vivi e vegeti, ti stringono la mano! O il mio ex sta dissolvendosi accuratamente sezionato, nei tuoi alambicchi colmi di misteriosi acidi?

RENATO: Niente di tutto ciò, cara! abbiamo avuto, io e lui, un simpaticissimo colloquio. Tra noi c'è stato uno scambio di idee davvero interessanti, divertenti anche, per certi aspetti! Ci siamo persino addentrati in piacevolissime disquisizioni sul sesso!

MARA: (*con civetteria*) Su... me... naturalmente!

RENATO: (*cambiando il disco e rimettendo Bach, mentre assume un tono serio*)... Sì, sì,... "anche" su di te!

MARA: (*sempre più sbalordita*) anche??? Ma qui arriviamo al paradosso! Due rivali in amore s'incontrano per parlare della donna che entrambi dicono di amare: dell'unica donna che essi amano, sia chiaro!, e tu dici (*imitandolo*): "Sì, sì... anche su di te". Ma dove è andato a finire il senso morale dell'individuo? Dov'è andata a finire la gelosia? Dov'è andata a cacciarsi la galanteria? In quale certo inesistente maschia personalità? In quella dell'Uomo delle Nevi? Tra i marziani? Ma dove abbiamo andare noi, povere donne, per trovarla? Sulla Luna?!

RENATO: Brava! Abbiamo parlato anche di quella! Un uomo in gamba, a pensarci bene, il tuo ex-maschio! Altro che imbecille! Mi è piaciuto! E, a pensarci bene, mi piace ancora!

MARA: Giunta a questo punto sono io, stavolta, che mi rifiuto di capirti! Mi sento le nausee di quando resto incinta! Di qui a un po' vomiterò... poi ci ripenserò e vomiterò ancora! Tra breve sarò affetta da vomito incoercibile di natura psicologica! E per schifo nei confronti di voi maschi! Qual è la parola che ancora oggi fa testo e che disse Cambronne? Dilla per me, ti prego: io, lo sai, non amo le parolacce! Ma in questo momento quella parola dovreste adoperarla tra voi due... come parola d'ordine!

RENATO: (*ironicamente*): Per essere introdotti alla tua presenza, cara?

MARA: (*con furore*): Sei un vigliacco! Un mascalzone! Sei... (*battendo i piedi*) ... sei "tutto", insomma: e niente di bello, di grande!

RENATO: Non agitarti, mia cara: io e il tuo ex (a proposito: sai come ci siamo presentarti? Sì... per distinguerci in ordine di... successione!... "I" e "II"! carino, no? Ha reso bene il frangente nel quale ci dibattevamo!)... io e il tuo ex, dicevo, abbiamo avuto un nutrito scambio di idee su di noi: su lui, su me e, anche, su temi umani, scientifici (un po', però, quelli!). Poi ci siamo addentrati in un pizzico di filosofia e... (*come rammentandosi*) ...sì! sì! ...anche su te!

MARA: Ma bene! Era ora, no!? E come avete trovato la maniera arguta, geniale – evitando d'essere noiosamente prolissi, per carità, dato la nullità dell'argomento – d'inserirmi tra le vostre abissali dissertazioni filosofico-scientifiche e tra le vostre intellettualistiche argomentazioni? In che forma, insomma, sono venuta a rallegrare il vostro amichevole dialogo? (Perché avete dialogato: non è che vi siete concesse più azzardate dimostrazioni di -calcando sulla parola- comprensione?!) Come mi avete mescolata, insomma, nelle vostre "piacevolezze"? Tra un parere e l'altro o come conclusione ai fatti? Nelle vostre contestazioni, quale ruolo ho avuto?

RENATO: Contestazioni? (*ridendo*) Ma che dici? Scambi

amichevoli di pareri, cara! E su tutto! Sulla vita, sulle personali esperienze umane... sull'amore... erotico e no... (perché tu sai, da donnina intelligente, che esiste anche l'amore che ha più a che fare col sesso, che col sentimento!)... sulla maniera di amare, anzi... di "saper" amare!... Su tutto, insomma, abbiamo, come dici tu, "dialogato", anche (*scherzoso, avvicinandosi e baciandola*), pensa un po'!, sul tuo caratterino!,... sulla tua piccante femminilità!

MARA: (*ricambiando nervosamente disco e rimettendone un altro a ritmo sempre più sfrenato*). E la conclusione? Valgo la pena d'essere amata e la fatica d'essere reclamata (perché se lui, l'altro, e alludo a... lui... a... "I", si è scomodato a venire sin qui, alla presenza dell'importante "II", vuol dire che è venuto per pretendere che tu mi restituisca a lui, no?), non è stato sprecato, voglio dire, il pericolo d'un duello, se non di spada, almeno di parole?

RENATO: Ma sì, ma sì!... Un tentativo c'è stato di... "reclamarti", "pretenderti", "litigarti", anche, ma...

MARA: ...ma...?

RENATO: ...ma abbiamo, in un certo qual senso, simpatizzato; e allora tutto è diventato più ragionevole, meno bellicoso! Che devo dirti? ... tutto si è svolto, così, diciamo: ragionevolmente! Tra esseri civili i duelli rusticani non sono d'uso! E poi, cara, non siamo ai tempi dei trogloditi, quando si tenevano le donne attaccate per i lunghi capelli, alla cintura dei possessivi maschi! Un po' di... elasticità, perbacco!, nel limite, s'intende, non guasta tra esseri raziocinanti!

MARA: Esseri ragionevoli? Raziocinanti? Civili? Ma sentitelo! E tu sei quello che ha sempre gridato ai quattro venti, d'amarmi? Io sarei quella particella infinitesimale delle tue piccolissime cellule? Dovrei essere colei che fa parte di te da generazioni e generazioni? ... Da millenni?

RENATO: Sì, come no? E l'ho detto anche a lui, sai? Ed è per questo che mi ha capito ed abbiamo simpatizzato. Avevi ragione, mia cara, è un simpatico! E, anche, un bell'uomo! Complimenti: ancora una volta hai dimostrato di saper scegliere! E sai che ha detto lui? Che lo sono anch'io! Sì, intendo: simpatico e... e bello!...

MARA: (*sempre più disorientata*): In nome di Dio! Sei... "che"? Simpatico e... e... un bell'uomo?! E te lo ha detto lui?, un uomo? (*ironicamente*). E dopo queste cineserie, che altre dichiarazioni d'amore vi siete scambiate? Non avete per caso scoperto, tutto ad un tratto, l'odio per le donne? (In gergo letterario si dice filoginia, vero?, Gran Sapiente!).

RENATO: (*con altrettanto tono ironico*) Ah! Ah! "Mi-so-gi-nia", cara, l'odio per la donna! La tua cultura vacilla, eh?!

MARA: Mi sono confusa! Sono stata troppo abituata ad inserirti nella vita delle donne come filogino e non come misogino! È stato quindi un lapsus! E non avete sentito in voi, voglio dire, un tantino, mica tanto, quel po' che basta per accettare in voi un certo dualismo, di... omosessualità? Tanto, è la moda! E chissà cosa sapresti dargli tu, come medico, conoscendo a fondo l'anatomia del corpo umano!...

RENATO: Ora sei incivile, volgare e velenosa!

MARA: Bene! Hai finito con i tuoi apprezzamenti negativi nei miei confronti? Perché, se tu hai finito, comincio io! Cerca di capirmi come capisci e commenti le novelle di Boccaccio! Vengo a scoprire (perché me ne hai informato, altrimenti non avrei neppure immaginato simili storture!), che il mio amante, l'uomo per il quale ho lasciato... come lo hai chiamato, scusa?, ah, sì, un "I" e un "I" che simpatizza proprio con colui che egli aveva affrontato come rivale e che diventa, per l'occasione, "II", e le mie reazioni devono essere civili, mielose? Sai che ti dico? Che nella mia vita, nella mia esistenza di Messalina o di Maga Circe, come usi definirmi quando vuoi fare del tenero umorismo... puoi aggiungere... un "III"!!!

RENATO: (*accentuando un'improvvisa calma*): Non scherzare! (ferma di scatto il giradischi e il silenzio si fa attorno ai due): Oltre tutto manchi di eleganza!

MARA: Scherzo?! È vero! Verissimo!! Mi sono scoperta innamorata di un terzo! Di un uomo, però! Rimango sulla mia sponda, io (*dolcemente, come inseguendo un'immagine di sogno*): Forse l'ho scoperto ora... facendo certi confronti con voi due. (*sarcastica*): con "I" e con "II"!...

RENATO: (*stupito e ancora incredulo*): E chi è costui?

MARA: Va tranquillo: la tua vanità è salva: non è neppure un intellettuale, ma un uomo; e un uomo vero! (*timidamente, come inseguendo un pensiero*) Almeno... così pare! Ma, dopo le vostre smanie di maschi attratti uno dall'altro, la mia mente mescola disorientanti giudizi! (*scattando*): Ma no!, lui è un uomo-uomo: vero, ripeto.

RENATO: "Vero" in che senso?

MARA: Nel senso che si vede! (*sognante*) È bello, di una bellezza maschia, davvero maschia, non ci sono dubbi! Di quegli uomini che non si trovano a simpatizzare col proprio rivale, ma gli fanno due occhi da ring al primo round!

RENATO: Complimenti! E chi sarebbe questa maschia espressione del viril sesso? Curriculum! Descrizione!

MARA: Presto fatto! (*Aiutandosi con una vivace mimica, essa descrive l'assente*): Spalle così (*e allarga le braccia*), fianchi così (*le restringe*); altezza sull'uno e ottanta, credo; capelli castano-scuri, taglio alla Gregory Peck (gli somiglia d'altronde); quarant'anni e… temperamento appassionato… prepotente… maschio, insomma! Ti basta?

RENATO: (*con voluta calma, ma con espressione stizzita*) No: cosa fa? Mi consentirai di sapere da chi sono stato soppiantato! Cos'è? un fisico nucleare? Uno studioso di lettere antiche?, un cosmonauta, visto che i cosmonauti oggi, e a ragione, sono gli uomini del presente e del futuro! Un Barnard, dal momento che con te si vive in continua atmosfera da trapianto di cuori?!

MARA: Il tuo spirito, stavolta, scivola male. No. È un uomo qualsiasi: lavora, ma non si monotonizza in un solo lavoro. In questo periodo, per esempio, fa cartelloni pubblicitari. È un incostante! E l'incostanza è indizio di genialità! E mi piace! Credo proprio di amarlo! Anzi, non ho più dubbi: lo amo!

RENATO: Ma hai detto prima che… "credi" di amarlo. Da quali dubbi sei assillata?

MARA: Ma sì, lo amo, o, se preferisci, lo sento maledettamente!

RENATO: Scusami, tesoro: lo hai conosciuto un'ora fa?

MARA: Sempre più delicato! Lo conosco da quattro mesi!

RENATO: Confortante! Sono cornuto da poco!

MARA: Beh!, non illuderti! Ci ha già pensato tua moglie, e da un pezzo!, a decorarti le geniali bozze frontali!

RENATO: Comunque… in quattro mesi… niente amore! Niente rapporti…? (*scattando*): Insomma a letto con lui, e per farci all'amore, non per dormirci, non ci sei ancora andata?

MARA: A letto?! Ma scherzi?!

RENATO: (*con tono deciso*): E allora non è un maschio! (*ride*) Ah, Ah, Ah, Scusa, quando viene con te, la sua erompente virilità, dove la lascia? Sui cartelloni pubblicitari, magari colorata in rosso e giallo!., tanto per essere inediti intendo!

MARA: (*sempre sognante*): Ma ci baciamo! Oh, quanti baci!

RENATO: E dove? Sulla fronte?

MARA: Se il particolare ti dà più affidamento, sappi – se ci tieni a saperlo – che sono stata anche nuda tra le sue braccia!

RENATO: E non è successo niente???

MARA: (*timidamente*) Beh,… niente…!

RENATO: Parere confermato: non è un uomo! Anzi: non è un maschio! Scusa, cara! Sei sicura che non si tratti di un eunuco? Sai, può capitare: evirazione mal subita, conseguente ipo-funzionalità di alcuni ormoni e… pace agli uomini di buona volontà! Eh, cara! Senò il fatto non si spiega! Questo tuo Apollo con acconciatura alla Gregory Peck, è maschio a metà! Altrimenti, ritieniti offesa!

MARA: E i baci, allora? Quelli, mica me li manda in cartolina e né li disegna sui cartoni pubblicitari, quelli!

RENATO: spiegazione clinico-psicologica anche di questo fenomeno: il tuo bullo (posso chiamarlo così o lo offendo in maniera, diciamo: esagerata?) ecco, questo bullo, ha sete di tenerezze materne! È orfano?

MARA: Mi pareva che tu non ci fossi ancora arrivato! Adesso esplodi con Freud e con le tragedie greche dall'incesto-facile! Sì, è orfano, ma che c'entra?

RENATO: Qui non c'entra Freud, non c'entra Edipo: c'entra che questa divinità dal… scusa, eh?, dal membro amorfo, sente il desiderio di essere coccolato. Nient'altro a quanto pare! Amalo! Amalo, il tuo mezzo maschio e stà serena, chè con lui nausee gravidiche, non correrai il rischio di sentirne! Tutt'al più ti verranno crisi d'isterismo per represse esigenze fisiologiche! O ti bastano i bacetti teneri sulla bocca?

MARA: Chiariamo, caro: lui i bacetti me li dà "in" bocca e non "sulla" bocca. Ne hai un'idea?

RENATO: Credo di sì e, se permetti, e dal momento che sono un uomo normale, io!, so come sono i baci veri. Ma che differenza fa? Lui soffre di mammismo esasperato. È tutto qui! Ti basta?

MARA: Tu ora vai per vendetta e me lo demolisci!

RENATO: Ah, no! È puro spirito di osservazione, il mio! Meglio: analizzo il caso, ed io, se mi concedi questa mia abilità professionale, alle analisi sono abituato. Non pennello e spennello cartoni pubblicitari, Io! Ma cesello le incertezze del nostro prossimo, le setaccio... do una dimensione ai loro dubbi!... Ma... posso azzardare una domanda per venire a capo d'un indagine personale?

MARA: fa pure: sono pronta a tutto! Anzi: sono in posizione di difesa!

RENATO: Cos'è che non ti ho dato, perché tu rivolgessi altrove il tuo... appetito d'amore?

MARA: La tua volgarità non mi tocca. Comunque, rispondo: da te mi è mancata la protezione, guarda un po'!

RENATO: Protezione affettiva? Mi sembra d'essere stato sempre presente: e non con affettuosissimi baci! Se poi ti riferisci ad una più tangibile protezione, beh!, non è di buon gusto il rammentarmelo... mi hai chiesto un milione tondo tondo e te l'ho dato, così: a mani aperte!

MARA: Troppo aperte! Con quel milione, ancora un po', e

ne veniva fuori una tragedia, perché – se ricordi – tua moglie voleva sapere, a costo di scandali, "dove", quel milione, era andato a finire! E poi... ti ho restituito 300mila lire, di quel milione, caro signor Bonaventura e...

RENATO: ...che io, non volevo!

MARA: ...ma che hai accettato! E qui sta la stonatura: la chiami protezione, questa?

RENATO: E allora? Dimmi che il tuo grande amore per me, è stato un amore di... emergenza, e piantiamola lì!

MARA: ma non capisci? Una donna sa di essere amata, dal marito, dall'amante, quando essi, oltre l'amore (che d'altronde significa prendere oltre che dare), dànno; e quando dànno, anche, danaro! Ti sembra volgare? Eh, no! E ti spiego perché. Sin dall'èra paleolitica, la donna ha percepito dentro di sé, la necessità, la felicità, anche, di ricevere dall'uomo! Guarda Adamo – retrocedendo oltre nel tempo – con la sua discussa (perché mutilata a vantaggio della femmina) e arcidiscussa costola! E l'uomo delle caverne? La sua donna, anche allora, aspettava che egli, con potenti colpi di clava, uccidesse orsi e pantere, per coprirsi con le loro pelli! E perché, noi, donne del 2000, dell'era spaziale, degli allunaggi, degli uomini che fanno la gincana attorno agli astri, dobbiamo privarci di quel qualcosa che dimostri la vostra superiorità nei nostri confronti, visto che la difendete a spada tratta, questa vostra supremazia (e vado per eufemismi: dovrei dire, padronanza!), sì da darci netta, la sensazione d'essere da voi infilzate come spiedini al forno? Fuori, questa vostra supremazia!! Dimostrateci che dobbiamo dipendere da voi maschi! (*scandendo*): pa-ga-te! Ci volete schiave, voglio dire... schiave d'amore? Simili ad odalische in attesa? Bene: le odalische aspettano le voglie d'amore del loro sultano, avvolte in profumati veli e sdraiate su dorati triclini; e ad ogni amplesso, si ritrovano un rubino in più alla già nutrita collezione di diamanti! (tutto ciò è stato detto da Mara con vivace ironia)

RENATO: Complimenti per il tuo forbitissimo eloquio! Mettiti ora a conferenziere sui diritti della donna e completi il quadro di questo tuo strano carattere, che sta tra il possessivo e il volubile, tra l'emancipato e il succube!

MARA: succube? Perché? e di chi?

RENATO: Di tuo marito? Ma lasciamolo fuori campo, lui, che è il più tradito, anzi: il primo ad essere stato tradito!

MARA: La tua ritardata solidarietà, se ti è rimasto un po' di buon gusto per capirlo, non ti sembra sfacciatamente inutile? Sai benissimo le ragioni che mi hanno spinta a tradire mio marito! L'ho amato e ancora oggi, non mi dispiace affatto; ma chi è stato a tradire per primo, dei due? Lui! E non venirmi ad innalzare la bandiera dei diritti dell'uomo a sconfitta dei doveri della donna! Ricordati che è esistita una sola Penelope! E se dovesse essercene un'altra, non sarò certo io!

RENATO: Di questa tua cosciente affermazione, ne sono più che convinto! Tu potresti essere solo un bis della moglie di Putifarre!

MARA: E tu... il casto Giuseppe, forse? Ma lo sai, almeno, come sono arrivata al tradimento coniugale?, all'infedeltà? Con l'infedeltà e i tradimenti di mio marito! (Tuo grande amico, oltre tutto, e compagno certo di giovanili orge!)

RENATO: ...E oggi marito tradito!

MARA: Rammenta, mio caro, che non esistono mariti traditi, ma mariti che vogliono essere traditi!! E non venirmi a piatire sui torti che dovrebbero appartenere ad entrambi: a me e a te. Per carità! E cerca piuttosto di non dimenticarlo troppo, che si tratta del tuo più caro amico, al quale (senza avere il tempo per pentirsene nemmeno per un po'!), hai rubato la moglie! E poi? Non lo hai fatto per erompente, irrefrenabile amore? E tu sei l'uomo che dice di amarmi, che mi ama, anzi, da millenni?! Ma va là!

RENATO: Te l'ho dimostrato, mi pare: nell'amore e nei contrasti.

MARA: Nell'amore... a letto? Beh, lì ci sai fare! Ma non basta! non siamo mica gatti, che vivono per fare miao-miao, dormire, mangiare e fare all'amore! Nei contrasti, dici? te l'ho detto: lì, un po' meno. Solo che, innamorata com'ero, non me ne accorgevo.

RENATO: (*con tono da presa in giro*): Cosa si aspettava da me, la sensibile signora? Un suicidio? Anzi... un omicidio? Dovevo forse far fuori mia moglie e tuo marito, e poi correre da te affannosamente, per informarti che... ero tutto tuo?

MARA: Sei un ……..! Mi fai orrore! Volevo semplicemente dire che nelle contrarietà mi hai lasciata sempre sola! Di più: per il famoso milioncino, c'è mancato poco e ne parlava anche la televisione!

RENATO: (con ironica sollecitudine nella voce): Sei esaurita, mia cara, e la tua memoria vacilla. Ma come! Per farmi perdonare atteggiamenti che ti contrariavano, ti mandavo orchidee e dozzine di rose simbolicamente rosse! Ti regalavo chiavi e mani d'oro: regali simbolici anche questi, ma... scusa, sai?, sostanziosi sempre!

MARA: Si, è vero! Ma esageravi di più con i fiori!

RENATO: E ti lagni?

MARA: Mi lagno? Figurati!, eri un tesoro, ma... come si usa dire? Non fiori, ma... Non per essere blasfema, ma sapessi quante volte mi avrebbero fatto più comodo... le opere di bene! Come se alla donna primitiva, in pieno inverno, il capellone delle caverne, le avesse regalato, al posto della pelliccia d'orso o di pantera, stelle alpine e rododendri! Sai cosa comincio a credere? Che, dei due, chi ha amato senza mezze misure, sono stata io, sì proprio io!(gridando in crescendo): Io, Io, Io, (*In quell'attimo che Mara esplode con quel crescendo "io", suona il campanello. Renato va ad aprire; ritorna con una CLIENTE; si scusa per l'assenza dell'infermiera, ma, dato l'orario, è già una fortuna, spiega, avere trovato lo studio aperto*):

RENATO: Si accomodi, signora! Ma come mai così tardi? Non c'è neppure la mia infermiera. È un caso, avermi trovato!

CLIENTE: (*una signora carina, giovane, elegante*): Mi scusi, dottore, ma se non mi fossi rivolta a lei, stasera, forse avrei commesso una pazzia entro le ventiquattro ore!

RENATO: E là là!

CLIENTE: (*sogguarda Mara, poi chiede*): Sua moglie?

RENATO: No, un'amica. (*rivolgendosi a MARA*): Cara, vuoi andare un momento di là? (*Mara sta per andarsene, ma la CLIENTE la ferma con un gesto*):

CLIENTE: Macchè! Macchè! Dottore, la prego: lasci che la signora rimanga! I miei problemi sono i problemi di noi tutti,... di noi donne, voglio dire! Quale donna, nel mio caso, non si è trovata nella necessità di non sentirsi sola ad affrontare cose più grandi di lei? Io oggi, sono in questa situazione. (*drammaticamente*): Dottore: sono incinta!

RENATO: Complimenti! Ma... "crede" o...

CLIENTE: No! No! Ne sono certa! Le analisi sono risultate

positive! Non so che fare dottore: mi aiuti! Sono in uno stato di angoscia, che rasenta la nevrosi!

RENATO: Ed io sono qui per aiutarla! Ma... quale è la ragione che la spinge a preoccuparsene?

CLIENTE: Dottore: sono sposata da quindici anni e questo sarebbe il mio primo.. si dice...? lieto evento!

RENATO: Di bene in meglio!

CLIENTE: (con tono volutamente calmo, ma con espressione piena di sottintesi): Dottore, mio marito è assente da... nove mesi, esattamente quanto dovrebbe durare la gravidanza!

RENATO: Che maldestri! Sì, voglio dire: lei, signora o lui, suo marito, intendo, non avete giostrato bene sul tempo! Come si dice in gergo sportivo: non siete stati tempisti! Sarebbe bastata un'anticipazione sulla gravidanza o un ritardo sulla partenza e tutto oggi avrebbe, se non altro, la parvenza della normalità! Ma come mai suo marito si assenta da casa per periodi così... pericolosamente lunghi?

CLIENTE: Mio marito è ingegnere: si trova in Africa per la progettazione d'un ponte!

RENATO: E mentre lui edifica ponti laggiù, lei incrementa i dati anagrafici del nostro Paese! Insomma, entrambi lavorate a beneficio della rinascita: ponti là, pargoli qua!

MARA: (*intromettendosi*) Se tu parlassi come ostetrico, alla signora, e non come un brillante fine dicitore, non credi che questo caso potrebbe avere una soluzione più efficiente, se non più costruttiva, a proposito di costruzioni?

RENATO: Cara, il fatto che tu, per concessione della signora, sia rimasta presente, non ti dà il diritto d'intrometterti: qui, il medico, sono io! O... sbaglio?

CLIENTE: Dottore, la sua... (*esita, sogguardando ora l'uno, ora l'altra*)... amica, ha ragione: sapesse la psicologia, unita alla solidarietà, tra esseri dello stesso sesso, quanto può essere di aiuto! (*ansiosamente*): Dica, dica, signora! cosa mi rimane da fare? Come posso rimediare a questa... questa mancanza di... tempismo? Perché un rimedio deve esserci!

RENATO: (*rivolgendosi a Mara*): Bene! Forza, cara! Che dice la tua psicologia? La tua solidarietà, la immagino!

MARA: La signora deve avvalersi di due sole possibilità: o mettere al mondo il figlio o...

RENATO: Io conosco solo la prima possibilità: le altre le ignoro!

MARA: E le pillole?

RENATO: Quelle impediscono... come dice la signora... un lieto evento: non lo interrompono! Ma sentiamo cos'altro partorisce (dal momento che trattiamo l'argomento-parto!), la tua fantasia in fermento!

MARA: Fantasia?! Praticità! Dicevo: mettere al mondo il pupo e dire al marito-africano...

CLIENTE: (*con espressione seccata per l'aggettivo "africano"*): Signora! Mio marito è nordico!

MARA: ... Mi scusi, signora: africano nel senso professionale!, ...e scrivere sinceramente al marito, dicevo, "Caro, mentre tu fabbricavi ponti in Africa, io in Italia facevo figli! (*guardando verso Renato*): a ciascuno il suo compito, no? Mica poteva esser lei a progettare ponti e lui a partorir figli!!! Altra soluzione: prendere un aereo, arrivare come un fulmine dall'ignaro e fiducioso marito, dimostrare un desiderio incontenibile delle di lui tenerezze e... mettere al mondo il figlio... con parto prematuro! Sono stata chiara?

RENATO: ... e cinica!
CLIENTE: (*come trasognata*): Certo che se lei, dottore, non trova una soluzione migliore, quella della signora è per lo meno... geniale! D'altronde, il desiderio d'un bimbo, tanto per me che per mio marito, non è stato mai accantonato. Basterà solo che lui non badi troppo... alle somiglianze!
RENATO: Per caso il vero padre del piccolo... è cinese o indiano?
CLIENTE: (*risentita*): Dottore!
MARA: Ora sei tu ad essere cinico! E poi, scusa, non hai tatto!
RENATO: Signora: decida! Io, per siffatta diagnosi, non ho bisogno di prescrivere medicine né di percepire onorari!
CLIENTE: Grazie dottore! (*rivolgendosi a Mara*): Lei non immagina quanto io le sia grata: lei mi è stata di valido aiuto! A presto! Spero di incontrarla ancora! Vorrei tenerla informata della piega che prenderanno gli avvenimenti!
MARA: ci terrei proprio! Vorrei tanto sapere come andrà a finire! Ma vedrà che tutto andrà bene. I mariti sono così felici quando diventano papà!...
CLIENTE: (*svagata*) Lei crede? Speriamo! A presto! (La CLIENTE esce: i due rimangono nuovamente soli):
RENATO: (*ironicamente ossequioso rivolgendosi a Mara*): Dottore!...
MARA: (*imitandolo nel tono)*: Dica! Dica! Ha qualche problema?
RENATO: Come mai ti sei intromessa in una faccenda così delicata e che non doveva interessarti?
MARA: Mi è piaciuto scoprire a che livello è il tuo grado di umanità. Sei stato una scoperta! In fondo sei ancora un

onesto!

RENATO: Io sono sempre un onesto e non soltanto "in fondo!" E poi bisogna sentire la responsabilità di certe azioni! Si fa all'amore!? Lo vogliamo fare quest'amore, senza inibizioni, senza limiti per assaporarne tutte le sensazioni? La conseguenza diventa un figlio? E mettiamolo al mondo, se ci siamo divertiti a fabbricarlo!...
MARA: Non sembri neppure un ginecologo: ma un predicatore!
RENATO: Ma vogliamo continuare a parlare di noi? Del tuo nuovo maschio scarso di ormoni? Con quello, vai tranquilla: i figli te li fa trovare bell'e pronti dipinti sui cartoni: biondi, bruni... femmine, maschi... come li vuoi... La scelta è varia: tanto li fa col pennello!
MARA: Sei caustico! Parlarne in questo tono, poi! E con quali benefici, scusa? Ormai tutto è stato detto. Tu sei II, l'altro, era I: siete due uomini che dite di amarmi, di adorarmi, di desiderarmi e... simpatizzate tra voi... scoprite di... piacervi, pur contendendovi (senza esagerazioni, in verità!), la stessa donna e, come ultima analisi, io... sono la Grande Assente tra voi due, che vi permette persino, d'amore e d'accordo (è il caso di dirlo!) di ironizzare sul suo "caratterino!" Cosa dovrei fare, io, secondo te? Mandarvi una colomba a Pasqua?
RENATO: Lasciamo perdere, perché ci hai già pensato a ciò che ti rimane da fare. Perché tu sei già sentimentalmente (oh! L'amore platonico, come sa di liceo!)... orientata verso un III!
(*A questo punto suonano il campanello. Renato va ad aprire ed entra con VANNI, marito di MARA e suo amico. VANNI scorge la moglie, ma non sembra troppo sorpreso, anzi saluta con effusione la moglie e l'amico*):

VANNI: (*battendo una mano sulla spalla dell'amico*): Salve, Renato! Ciao, cara! Come mai qui? (*il tono evidenzia una certa ansia*).

MARA: Se non si approfitta degli amici (specie se medici) quando se ne sente la necessità, di che è fatta, tesoro, l'amicizia? Avevo bisogno d'un parere da Renato ed eccomi qui. Sai?, lui è il medico delle donne! (*sogguardando Renato*): E, quindi, l'"amico" delle donne! No?!

VANNI: (*più apprensivo*): Perché?, stai male?

RENATO: (*superando l'imbarazzo del momento con l'enfasi che gli è abituale*): Male! Male! Non esageriamo! È semplicemente una questione di pillole!

VANNI: Lassative?

RENATO: Anticoncezionali, patriarca! Ma dove vivi?

VANNI: (*guardando la moglie, sorpreso*) E perché?

MARA: (*ridendo*) Ah, questa poi! Vuoi continuare a far di me la coniglia nell'orto? I bambini sono un'amore, ma... moderazione, no? Chi li spuazza e li allatta, poi? Tu?!

VANNI: Mi mancano gli attributi!

RENATO: E che cosa non manca a te?

VANNI: Beh! a quanto pare e si vede: niente, proprio niente! (*rivolgendosi alla moglie*): Conferma, cara!

MARA: (*evitando di rispondere alla diretta domanda del marito*) Ma smettetela! Credete d'essere ancora due matricole? I papiri sconci, riservateli per quando siete soli!

VANNI: Mia moglie ha ragione! È rimasta ancora riservata, per certe cose, proprio come ai primi giorni del nostro matrimonio! Piantiamola lì!

RENATO: (*sogguarda Mara e alzando gli occhi al cielo sorride*) Riservata-personale?

VANNI: Non afferro!

MARA: La solita freddura del dottor-pillola! (*rivolgendosi a Renato*): Mio caro, non ti sembra d'essere tu, il liceale?

RENATO: No, semmai preferisco ritornare matricola: almeno per i papiri sconci che aggiornerei con maggiori esperienze!

MARA: (*si ripassa un po' di rossetto sulle labbra, inforca gli occhiali e fa per uscire*) Ciao, ragazzi! Me ne vado. Ho un mucchio di cosette da sbrigare prima di cena.

RENATO: Cartelloni pubblicitari?

MARA: Conferenze sull'omosessualità! C'è un'epidemia di maschi che scoprono strane attrazioni tra loro, che voglio capire perché (*rivolgendosi a Renato*): passi da noi, stasera? Viene un po' di gente carina. (*con tono ironico nell'intonazione della voce*) Dopo un'intensa giornata di solo lavoro, un po' di relax è quello che ti ci vuole, no? Ciao, ciao! (*dà la mano a Renato e un bacio a Vanni: quindi esce*). (*RENATO e VANNI, rimasti soli, restano un po' in silenzio, quindi VANNI prende la parola*):

VANNI: Oggi mi sento intimamente soddisfatto!

RENATO: Lo dici come se tu fossi addirittura felice!

VANNI: Sì, sì! Ma che intuito! felice, sono felice! Insomma... felice con riserva, però!

RENATO: Perché, scusa, questa sottrazione alla felicità? La felicità, secondo me, o è piena o – quando è indecisa – non offre neppure il ripiego della soddisfazione! E poi: soddisfatti si è dopo un affare ben risolto, dopo un appetito (appetito di cibi, intendo!) bene appagato: felice, invece, si è nell'animo, nei sensi, nello spirito! (tutto ciò è detto con veemenza oratoria)

VANNI: Bene: allora sono felice!
RENATO: Posso chiederti perché?
VANNI: (*sdraiandosi e accendendo una sigaretta*): Mi offri un dry? Le confidenze, con l'alcool, mi riescono meglio.(*Renato versa il liquido richiesto in due bicchieri e torna a sedersi*).
RENATO: Parla, mi hai messo in curiosità.
VANNI: Hai provato, nel corso della tua travagliata esistenza d'amatore, di sentirti dire da una donna, tua da dodici anni, che sei ancora amato, desiderato come il primo giorno?
RENATO: No, In coscienza, ancora no! Anzi, poco fa...
VANNI: (*sorpreso*) Poco fa?!
RENATO: No, no! Ieri... stanotte... beh, insomma: non rammento quando è stato... ho subito uno smacco da sentirmi tuttora in Kappa O!
VANNI: Mi dispiace, sai come ti sono amico! Ma vedrai: sono burrasche passeggere: poi tutto torna come prima! Te lo auguro.
RENATO: (*versando dell'altro dry nei bicchieri*) Non ti conviene augurarmelo!
VANNI: Mi consideri così egoista? Così impregnato di Ego?
RENATO: Per carità! Ma lasciamo perdere! Vai avanti!
VANNI: Oggi, stamattina, per essere esatti, mi sono sentito dire dalla mia donna, che per lei, gira e rigira, e dopo aver fatto profondi confronti ed esami di coscienza, io per lei sono il solo, l'unico che valga la pena d'amare!
RENATO: Beato te! E poi? Sì, cos'altro d'inedito ti ha detto, la tua donna, la tua fedelissima dalle grandi scoperte?
VANNI: Che dopo 12 anni, le sembra di poter festeggiare una sorta di nozze d'argento, addirittura d'oro... dell'amore!

Bello, no?

RENATO: Ma va là! Esistono donne simili?

VANNI: E credi siano state solo parole!? Me lo da dimostrato! Eccome, me lo ha dimostrato!...

RENATO: Vuoi dire che ha fatto l'amore con te, dandosi come la prima volta?

VANNI: Ma meglio! meglio, perdiana! Prima era una principiante, ma stamattina ha mostrato tutte le armi della sua seduzione, senza inibizioni. Così, come una vera amante! Una mattina, questa, da fare esclamare: che notte!

RENATO: Di mattina, per giunta, quando le donne pensano solo al parrucchiere e alla manicure! E tu? Sì, dico... eri... preparato?

VANNI: A dire la verità, no, ma – come si dice? – mi sono sùbito adeguato!

RENATO: E ne valeva la pena, almeno?

VANNI: Direi di sì! Sai?, essere l'oggetto assoluto di un desiderio d'amore che ti appartiene da anni e che scopri di averlo monopolizzato, questo desiderio, non soltanto ti rende intimamente vanitoso, ma inorgoglito: abbindolato, addirittura! Ti riscopri quello che eri molti anni prima; ti rivedi com'eri; ti crei attorno la stessa atmosfera di quando hai scoperto d'essere innamorato! E, stranamente, tutto t'appare inedito, anzi, così ingigantito dalle esperienze, ti appare completo, più recettivo nelle minime sensazioni: ti senti come drogato, ma cosciente: cervello e sensi funzionano all'unisono; non hai incertezze: sei tu e il tuo sesso: il tuo sesso e il tuo cosciente; il tuo cosciente e l'altro, il più importante: il tuo sub-cosciente! Capisci? Aggiungi, alle esperienze, nelle quali ti sei rafforzato in questi ultimi anni, la confidenza nell'intimità verso questa donna e a questa confidenza, l'intuirla nei minimi particolari della sua sensibilità fisiologica... e ne viene fuori una tal baraonda che, tuttavia, ti mantiene vigile... nei sensi e nel cervello. Una baraonda, voglio dire, che ti esplode, dentro e fuori, creandoti sensazioni di forza e di fiducia in tutte le tue possibilità d'essere e di volere. Ti senti sicuro, insomma! Ecco: sicuro!!

RENATO: Dici? E perché?

VANNI: Perché, mi chiedi?! Ma è perché ritorni a credere in te, nella vita! In questa vita, che a vent'anni ti sembrava eterna, ma che col tempo ti vedi sfuggire con le cose belle che le appartengono e che temi di non riuscire ad assaporare tutte! Bada: ho avuto i miei piccoli torti verso di lei; ma erano riempitivi, episodi di passaggio. Lei se ne andava in vacanza, io restavo solo un mese o due... Sì, mi recavo anche da lei, ma erano più numerose le notti che trascorrevo solo in città; e che vuoi fare solo in città? vai al ristorante, e ti annoi; vai al cinema, dove proiettano films vecchi, e ti scocci; vai a prendere una respirata d'aria fresca in un posticino fresco, magari dove si balla e... sai com'è? L'avventura te la trovi faccia a faccia, e ci stai!

RENATO: Beh, ora tu stai parlando di entraineuses, le gheishe per noi, scapoli del caldo con le mogli al fresco!

VANNI: No! No! Può capitare d'incontrare l'avventura piccante con la donnina misteriosa o con la ritardataria delle vacanze. E, tante volte, queste donnine, sono veri pericoli, sai?, ma, per fortuna, con me, tutto è sempre passato in fretta e senza postume conseguenze!

RENATO: Encomiabile! E, come vedo, tanta padronanza sta riscuotendo premi. Libero da complicanze sentimentali ti ritrovi, alla fine, sempre di esclusiva proprietà d'una donna, quella che, in fondo, ti è rimasta fedele per una fila d'anni! Ma, scusa: toglimi una curiosità: chi è quest'emblema dell'assolutismo romantico-erotico-sentimentale?

VANNI: Chi è?! Ma non lo hai capito?! Dopo anni che me la vedi attorno e che tu chiami svanitella, ma – io aggiungo – sempre presente ai suoi doveri? Ma è mia moglie, no????

RENATO: (*si alza di scatto con il bicchiere in mano, rivolge all'amico un prolungato*) Eeeh??!! (*di stupore; tracanna tutto d'un fiato il rimanente del dry, quindi ricade sulla poltrona, mentre l'altro, beandosi di tanta sorpresa, sorride pienamente soddisfatto, esclamando*): "Dì la verità, che non te l'aspettavi!?" (*La tela cala lentamente, mentre la voce del REGISTRATORE, scandisce: "La vita, appunto è fatta di sorprese!"*).

FINE

INDICE

Introduzione	pagina	3
Primo atto		7
Secondo atto		33
Biografia		60

Maria Moriniello Salvi (1915 – 2006)

Nata a Palermo, ha vissuto la giovinezza a Roma. Trasferitasi con la famiglia a Milano, si sposa con Virginio Salvi e ha quattro figli, Anna, Paola, Vittorio e Gilberto. Dopo aver frequentato un corso monografico sulla scultura all'Accademia di Brera, comincia a scrivere, riscuotendo immediato apprezzamento e divenendo critico d'arte, ma non solo: famoso il suo ciclo di grandi interviste a personalità del mondo delle lettere, del cinema, dell'arte, del teatro, della cultura. Nel contempo diveniva firma primaria della rivista "Valigia Diplomatica", dove comparivano le sue recensioni su artisti tra i più famosi del periodo. Ha ricoperto l'incarico di Direttore artistico per diverse Gallerie d'arte, l'ultima la Galleria degli Artisti di Milano. Ha ricevuto il premio per meriti artistici dall'"Accademia per le Arti, le Lettere e le Scienze", di Parigi, e l'ambita Teca d'argento del Comune di Milano per la sua attività di critico d'arte e di giornalista.

www.ingramcontent.com/pod-product-compliance
Lightning Source LLC
Chambersburg PA
CBHW031427040426
42444CB00006B/720